I0026117

ELOGE

DE

M. NEUTON.

ELOGE
DE
M. NEUTON

SAAC NEUTON, nâquit le jour de Noël V. S. de l'an 1642 à Volstrope dans la Province de Lincoln. Il sortoit de la Branche aînée de Jean Neuton, Chevalier Baronnet Seigneur de Volstrope. Cette Seigneurie étoit dans la famille depuis près de 200 ans. M.rs Neuton s'y étoient transportés de Westby dans la même Province de Lincoln, mais ils étoient originaires de Neuton dans celle de Lancastre. La mere de M. Neuton, nommée Anne Ascough étoit aussi d'une ancienne famille. Elle se remaria

A ij

après la mort de son premier mari, pere de M. Neuton.

Elle mit son fils âgé de 12 ans à la grande École de Grantham, & l'en retira au bout de quelques années, afin qu'il s'accoûtumât de bonne heure à prendre connoissance de ses affaires, & à les gouverner par lui-même. Mais elle le trouva si peu occupé de ce soin, si distrait par les Livres, qu'elle le renvoya à Grantham pour y suivre son goût en liberté. Il le satisfît encore mieux en passant de là au Collège de la Trinité dans l'Université de Cambridge, où il fût reçû en 1660 à l'âge de 18 ans.

Pour apprendre les Mathematiques, il n'étudia point Euclide, qui lui parut trop clair, trop simple, indigne de lui prendre du temps; il le sçavoit presque avant que de l'avoir lû, & un coup d'œil sur l'énoncé des Theorêmes les lui démontroit. Il sauta tout d'un coup à des Livres tels que la Geometrie de Descartes, & les

Optiques de Kepler. On lui pourroit appliquer ce que Lucain a dit du Nil, dont les Anciens ne connoifloient point la fource, *Qu'il n'a pas été permis aux hommes de voir le Nil foible & naiffant.* Il y a des preuves que M. Neuton avoit fait à 24 ans fes grandes découvertes en Geometrie, & pofé les fondements de fes deux celebres Ouvrages, les *Principes,* & l'*Optique.* Si des Intelligences fuperieures à l'Homme ont auffi un progrès de connoiffances, elles volent tandis que nous rampons, elles fuppriment des milieux que nous ne parcourons qu'en nous trainant lentement, & avec effort, d'une Verité à une autre qui y touche.

Nicolas Mercator né dans le Holftein, mais qui a paffé fa vie en Angleterre, publia en 1 6 6 8 fa *Logaruhmotechnie,* où il donnoit par une Suite, ou Serie infinie la Quadrature de l'Hiperbole. Alors parut pour la premiére fois dans le monde fçavant une

Suite de cette efpece, tirée de la nature particuliere d'une Courbe avec
un art tout nouveau, & très délié.
L'illuftre M. Barrou, qui étoit à Cambridge où étoit auffi M. Neuton âgé
de 26 ans, fe fouvint auffi-tôt d'avoir
vû la même Theorie dans des E'crits
du jeune Homme, non pas bornée à
l'Hiperbole, mais étenduë par des
formules generales à toutes fortes de
Courbes, même Mechaniques, à leurs
Quadratures, à leurs Rectifications, à
leurs Centres de gravité, aux Solides
formés par leurs révolutions, aux
Surfaces de ces Solides, de forte que
quand les déterminations étoient pof-
fibles les Suites s'arreftoient à un certain point, ou fi elles ne s'arreftoient
pas, on en avoit les fommes par Regle; que fi les déterminations précifes
étoient impoffibles, on en pouvoit
toûjours approcher à l'Infini, fupplé-
ment le plus heureux, & le plus fub-
til que l'Efprit humain pût trouver à
l'imperfection de fes connoiffances.

C'étoit une grande richeſſe pour un Geometre de poſſeder une Theorie ſi féconde & ſi generale, c'étoit une gloire encore plus grande d'avoir inventé une Theorie ſi ſurprenante & ſi ingenieuſe, & M. Neuton averti par le Livre de Mercator que cet habile homme étoit ſur la voye, & que d'autres s'y pourroient mettre en le ſuivant, devoit naturellement ſe preſſer d'étaler ſes treſors, pour s'en aſſûrer la veritable proprieté, qui conſiſte dans la découverte. Mais il ſe contenta de la richeſſe, & ne ſe piqua point de la gloire. Il dit lui-même dans une Lettre du *Commercium Epiſtolicum*, qu'il avoit crû que ſon Secret étoit entierement trouvé par Mercator, ou le ſeroit par d'autres, avant qu'il fût d'un âge aſſés mur pour compoſer. Il ſe laiſſoit enlever ſans regret ce qui avoit dû lui promettre beaucoup de gloire, & le flater des plus douces eſperances de cette eſpece, & il attendoit l'âge convenable pour compoſer ou pour

se donner au Public, n'ayant pas attendu celui de faire les plus grandes
chofes. Son Manufcrit fur les Suites
infinies fut fimplement communiqué
à M. Collins, & à Milord Brounker,
habiles en ces matiéres, & encore ne
le fut-il que par M. Barrou, qui ne
lui permettoit pas d'être tout à fait
auffi modefte, qu'il l'euft voulu.

Ce Manufcrit tiré en 1669 du
Cabinet de l'Auteur porte pour titre,
Methode que j'avois trouvée autrefois,
&c. Et quand cet *autrefois* ne feroit
que trois ans, il auroit donc trouvé
à 24 ans toute la belle Theorie des
Suites. Mais il y a plus. Ce même
Manufcrit contient, & l'invention &
le Calcul des *fluxions*, ou Infiniment
petits, qui ont caufé une fi grande
conteftation entre M. Leibnits, & lui,
ou plûtôt entre l'Allemagne & l'Angleterre. Nous en avons fait l'Hiftoire

p. 109. en 1716 * dans l'Eloge de M. Leib-
& fuiv. nits, & quoi-que ce fût l'Eloge de
M. Leibnits, nous y avons fi exacte-

ment gardé la neutralité d'Hiſtorien, que nous n'avons preſentement rien de nouveau à dire pour M. Neuton. Nous avons marqué expreſſément *que M. Neuton étoit certainement Inventeur, que ſa gloire étoit en ſûreté, & qu'il n'étoit queſtion que de ſçavoir ſi M. Leibnits avoit pris de lui cette idée.* Toute l'Angleterre en eſt convaincuë, quoi-que la Societé Royale ne l'ait pas prononcé dans ſon Jugement, & l'ait tout au plus inſinué. M. Neuton eſt conſtamment le premier Inventeur, & de pluſieurs années le premier. M. Leibnits de ſon côté eſt le premier qui ait publié ce Calcul, & s'il l'avoit pris de M. Neuton, il reſſembleroit du moins au Promethée de la fable, qui déroba le feu aux Dieux, pour en faire part aux hommes.

En 1687. M. Neuton ſe reſolut enfin à ſe dévoiler, & à reveler ce qu'il étoit, les *Principes Mathematiques de la Philoſophie Naturelle* parurent. Ce

A v

Livre où la plus profonde Geometrie
fert de bafe à une Phifique toute nouvelle, n'eut pas d'abord tout l'éclat
qu'il meritoit, & qu'il devoit avoir
un jour. Comme il eft écrit très fça-
vamment, que les paroles y font fort
épargnées, qu'affés fouvent les conféquences y naiffent rapidement des
principes, & qu'on eft obligé à fup-
pléer de foi-même tout l'entre-deux,
il falloit que le Public eût le loifir
de l'entendre. Les grands Geometres
n'y parvinrent qu'en l'étudiant avec
foin, les mediocres ne s'y embarque-
rent qu'excités par le témoignage des
grands, mais enfin quand le Livre fut
fuffifamment connu, tous ces fuffra-
ges, qu'il avoit gagnés fi lentement,
éclaterent de toutes parts, & ne for-
merent qu'un cri d'admiration. Tout
le monde fut frappé de l'efprit original qui brille dans l'Ouvrage, de cet
efprit créateur, qui dans toute l'étenduë du Siécle le plus heureux ne tombe guere en partage qu'à trois ou quatre

hommes pris dans toute l'étenduë des Pays sçavants.

Deux Theories principales dominent dans les *Principes Mathematiques,* celle des forces Centrales, & celle de la Resistance des Milieux au Mouvement; toutes deux presqu'entierement neuves, & traitées selon la sublime Geometrie de l'Auteur. On ne peut plus toucher ni à l'une ni à l'autre de ces matiéres, sans avoir M. Neuton devant les yeux, sans le repeter, ou sans le suivre, & si on veut le déguiser, quelle adresse pourra empêcher qu'il ne soit reconnu ?

Le rapport trouvé par Kepler entre les révolutions des Corps célestes, & leurs distances à un centre commun de ces révolutions, regne constamment dans tout le Ciel. Si l'on imagine, ainsi qu'il est necessaire, qu'une certaine force empêche ces grands Corps de suivre pendant plus d'un instant leur mouvement naturel en ligne droite d'Occident en Orient,

& les retire continuellement vers un centre, il fuit de la Regle de Kepler que cette force, qui fera centrale, ou plus particulierement *centripete*, aura fur un même corps une action variable felon fes differentes diftances à ce centre, & cela dans la raifon renverfée des quarrés de ces diftances, c'eft-à-dire, par exemple, que fi ce corps étoit deux fois plus éloigné du centre de fa révolution, l'action de la force centrale fur lui en feroit quatre fois plus foible. Il paroît que M. Neuton eft parti de là pour toute fa Phifique du Monde pris en grand. Nous pouvons fuppofer auffi ou feindre qu'il a d'abord confideré la Lune, parce qu'elle a la Terre pour centre de fon mouvement.

Si la Lune perdoit toute l'impulfion, toute la tendance qu'elle a pour aller d'Occident en Orient en ligne droite, & qu'il ne lui reftât que la force centrale qui la porte vers le centre de la Terre, elle obéïroit donc uniquement à cette force, en suivroit uniquement la direction, & viendroit en ligne droite vers le centre de la Terre. Son mouvement de révolution étant connu, M. Neuton démontre par ce mouvement que dans la 1re Minute de sa descente elle décriroit 15 pieds de Paris. Sa distance à la Terre est de 60 demi-diametres de la Terre, donc quand la Lune seroit arrivée à la surface de la Terre, l'action de la force qui l'y portoit seroit augmentée selon le quarré de 60, c'est-à-dire, qu'elle seroit 3600 fois plus puissante, & que la Lune dans la derniére Minute décriroit 3600 fois 15 pieds.

Maintenant si l'on suppose que la force qui agissoit sur la Lune soit la même que celle que nous appellons Pesanteur dans les Corps terrestres, il s'ensuivra du Sistême de Galilée que la Lune, qui arrivée à la surface de la Terre a parcouru 3600 fois 15 pieds en 1 Minute, a dû parcourir aussi 15

pieds dans la 1re 60me partie, ou dans
la 1re Seconde de cette Minute. Or
on fçait par toutes les experiences, &
on n'a pû les faire qu'à de très petites
diftances de la furface de la Terre,
que les Corps pefants tombent de 1 5
pieds dans la 1re Seconde de leur chû-
te. Ils font donc, quand nous éprou-
vons la durée de leurs chûtes, dans le
même cas précifément, que fi ayant
fait autour de la Terre la même révolution que la Lune, & à la même dif-
tance, ils étoient venus à tomber par
la feule force de leur pefanteur, &
s'ils font dans le cas où eft la Lune,
la Lune eft dans le cas où ils font,
& n'eft retirée à chaque inftant vers
la Terre que par cette même Pefanteur. Une conformité fi exacte d'effets, ou plûtôt cette parfaite identi-
té, ne peut venir que de celle des
caufes.

Il eft vrai que dans le Siftême de
Galilée, qu'on a fuivi ici, la Pefanteur eft conftante, & que la force

centrale de la Lune ne l'est pas dans
la démonstration même qu'on vient
de donner. Mais la Pesanteur peut
bien ne paroître constante, ou, pour
mieux dire, elle ne le paroît dans toutes nos experiences, qu'à cause que
la plus grande hauteur d'où nous puis-
sions voir tomber des Corps, n'est
rien par rapport à la distance de 1 5 0 0
Lieuës, où ils sont tous du centre de
la Terre. Il est démontré qu'un Bou-
let de Canon tiré horisontalement dé-
crit dans l'hipothese de la Pesanteur
constante une Parabole terminée à un
certain point par la rencontre de la
Terre, mais que s'il étoit tiré d'une
hauteur qui pût rendre sensible l'iné-
galité d'action de la Pesanteur, il décriroit au lieu de la Parabole une El-
lipse, dont le centre de la Terre seroit
un des Foyers, c'est-à-dire, qu'il seroit exactement ce que fait la Lune.

Si la Lune est pesante à la maniére
des Corps terrestres, si elle est portée
vers la Terre par la même force qui les

y porte, fi felon l'expreffion de M.
Neuton elle pefe fur la Terre, la même
caufe agit dans tout ce merveilleux
affemblage de Corps céleftes, car toute
la Nature eft une, c'eft par tout la
même difpofition, par tout des Ellip-
fes décrites par des Corps dont le
mouvement fe rapporte à un Corps
placé dans un des Foyers. Les Satellites de Jupiter pefent fur Jupiter, comme la Lune fur la Terre, les Satellites
de Saturne fur Saturne, toutes les Planetes enfemble fur le Soleil.

On ne fçait point en quoi confifte
la Pefanteur, & M. Neuton lui-même
l'a ignoré. Si la Pefanteur agit par
impulfion, on conçoit qu'un bloc de
Marbre qui tombe peut être pouffé
vers la Terre, fans que la Terre foit
aucunement pouffée vers lui, & en
un mot tous les centres, aufquels fe
rapportent les mouvements caufés par
la Pefanteur, pourront être immobi-
les. Mais fi elle agit par attraction, la
Terre ne peut attirer le bloc de

Marbre, fans que ce bloc n'attire auffi
la Terre; pourquoi cette vertu attrac-
tive feroit-elle plûtôt dans certains
Corps que dans d'autres? M. Neuton
pofe toûjours l'action de la Pefanteur reciproque dans tous les Corps,
& proportionnelle feulement à leurs
maffes, & par-là il femble déterminer
la Pefanteur à être réellement une
attraction. Il n'employe à chaque
moment que ce mot pour exprimer
la force active des Corps, force, à
la verité, inconnuë, & qu'il ne prétend pas définir, mais fi elle pouvoit
agir auffi par impulfion, pourquoi ce
terme plus clair n'auroit-il pas été pré-
feré? car on conviendra qu'il n'étoit
guere poffible de les employer tous
deux indifferemment, ils font trop
oppofés. L'ufage perpetuel du mot
d'attraction, foutenu d'une grande
autorité, & peut-être auffi de l'incli-
nation qu'on croit fentir à M. Neuton pour la chofe même, familiarife
du moins les Lecteurs avec une idée

profcrite par les Cartéfiens, & dont
tous les autres Philofophes avoient
ratifié la condamnation, il faut être
prefentement fur fes gardes, pour ne
lui pas imaginer quelque réalité, on
eft expofé au peril de croire qu'on
l'entend.

Quoi-qu'il en foit, tous les Corps,
felon M. Neuton, pefent les uns fur
les autres, ou s'attirent en raifon de
leurs maffes, & quand ils tournent autour d'un centre commun, dont par
conféquent ils font attirés, & qu'ils
attirent, leurs forces attractives varient
dans la raifon renverfée de leurs diftances à ce centre; & fi tous enfemble
avec leur centre commun tournent
autour d'un autre centre commun à
eux & à d'autres, ce font encore de
nouveaux rapports, qui font une
étrange complication. Ainfi chacun
des cinq Satellites de Saturne pefe fur
les quatre autres, & les quatre autres
fur lui; tous les cinq pefent fur Saturne, & Saturne fur eux; le tout

enfemble pefe fur le Soleil, & le Soleil
fur ce tout. Quelle Geometrie a été
neceffaire pour débroüiller ce Cahos
de rapports ! Il paroît temeraire de
l'avoir entrepris, & on ne peut voir
fans étonnement que d'une Theorie fi
abftraite, formée de plufieurs Theories
particuliéres, toutes très difficiles à
manier, il naiffe neceffairement des
conclufions toûjours conformes aux
faits établis par l'Aftronomie.

Quelquefois même ces conclufions
femblent deviner des faits, aufquels
les Aftronomes ne fe feroient pas at-
tendus. On prétend depuis un temps,
& fur-tout en Angleterre, que quand
Jupiter & Saturne font entr'eux dans
leur plus grande proximité, qui eft de
1 6 5 millions de Lieuës, leurs mouvements ne font plus de la même régularité que dans le refte de leur cours,
& le Siftême de M. Neuton en donne
tout d'un coup la caufe, qu'aucun autre Siftême ne donneroit. Jupiter &
Saturne s'attirent plus fortement l'un

l'autre, parce qu'ils sont plus proches, & par là la régularité du reste de leur cours est sensiblement troublée. On peut aller jusqu'à déterminer la quantité & les bornes de ce déreglement.

La Lune est la moins réguliére des Planetes, elle échappe assés souvent aux Tables les plus exactes, & fait des écarts dont on ne connoît point les principes. M. Halley, que son profond sçavoir en Mathematique n'empêche pas d'être bon Poëte, dit dans des Vers Latins qu'il a mis au devant de la 3.me Edition des *Principes* de M. Neuton, que *la Lune jusque-là ne s'étoit point laissé assujettir au frein des Calculs, & n'avoit été domptée par aucun Astronome,* mais qu'elle l'est enfin dans le nouveau Sistême. Toutes les bizarreries de son cours y deviennent d'une necessité qui les fait prédire, & il est difficile qu'un Sistême, où elles prennent cette forme, ne soit qu'un Sistême heureux, sur-tout si on ne les regarde que comme une petite partie d'un Tout, qui embrasse

avec le même fuccès une infinité d'autres explications. Celle du Flux & du
Reflux s'offre fi naturellement par
l'action de la Lune fur les Mers,
combinée avec celle du Soleil, que ce
merveilleux phenomene femble en
être dégradé.

La feconde des deux grandes Theories fur lefquelles roule le Livre des
Principes, eft celle de la Réfiftance des
Milieux au Mouvement, qui doit entrer dans les principaux phenomenes
de la Nature, tels que les Mouvements
des Corps celeftes, la Lumiére, le Son.
M. Neuton établit à fon ordinaire fur
une très profonde Geometrie ce qui
doit réfulter de cette Réfiftance felon
toutes les caufes qu'elle peut avoir, la
Denfité du Milieu, la Vîteffe du Corps
mû, la grandeur de fa Surface, & il
arrive enfin à des conclufions qui dé-
truifent les Tourbillons de Defcartes,
& renverfent ce grand Edifice celefte,
qu'on auroit crû inébranlable. Si les
Planetes fe meuvent autour du Soleil

dans un Milieu, quel qu'il foit, dans
une matiére E'therée, qui remplit tout,
& qui, quelque fubtile qu'elle foit,
n'en réfiftera pas moins, ainfi qu'il eft
démontré, comment les mouvements
des Planetes n'en font-ils pas perpe-
tuellement, & même promptement
affoiblis? fur-tout, comment les Co-
metes traverfent-elles les Tourbillons
librement en tous fens, quelquefois
avec des directions de mouvement
contraires aux leurs, fans en recevoir
nulle alteration fenfible dans leurs
mouvements, de quelque longue durée
qu'ils puiffent être? Comment ces
Torrents immenfes, & d'une rapidité
prefqu'incroyable n'abforbent-ils pas
en peu d'inftants tout le mouvement
particulier d'un Corps, qui n'eft qu'un
atome par rapport à eux, & ne le
forcent-ils pas à fuivre leur cours?

Les Corps celeftes fe meuvent donc
dans un grand Vuide, fi ce n'eft que
leurs exhalaifons, & les rayons de Lumiére, qui forment enfemble mille

entrelaffements differents, mêlent un peu de matiére à des Efpaces immateriels prefqu'infinis. L'Attraction & le Vuide, bannis de la Phifique par Defcartes, & bannis pour jamais felon les apparences, y reviennent ramenés par M. Neuton, armés d'une force toute nouvelle dont on ne les croyoit pas capables, & feulement peut-être un peu déguifés.

Les deux grands Hommes, qui fe trouvent dans une fi grande oppofition, ont eû de grands rapports. Tous deux ont été des genies du premier ordre, nés pour dominer fur les autres efprits, & pour fonder des Empires. Tous deux Geometres excellents ont vû la neceffité de tranfporter la Geometrie dans la Phifique. Tous deux ont fondé leur Phifique fur une Geometrie, qu'ils ne tenoient prefque que de leurs propres lumiéres. Mais l'un, prenant un vol hardi, a voulu fe placer à la fource de tout, fe rendre maître des premiers principes

par quelques idées claires, & fonda-
mentales, pour n'avoir plus qu'à def-
cendre aux phenomenes de la Nature,
comme à des confequences neceffaires ; l'autre plus timide, ou plus modefte a commencé fa marche par s'ap-
puyer fur les phenomenes pour remonter aux principes inconnus, réfolu
de les admettre quels que les pût donner l'enchaînement des confequences.
L'un part de ce qu'il entend nettement pour trouver la caufe de ce qu'il
voit. L'autre part de ce qu'il voit pour
en trouver la caufe, foit claire, foit
obfcure. Les principes évidents de
l'un ne le conduifent pas toûjours aux
phenomenes tels qu'ils font; les phenomenes ne conduifent pas toûjours
l'autre à des principes affés évidents.
Les bornes, qui dans ces deux routes
contraires ont pû arrêter deux hommes de cette efpece, ce ne font pas
les bornes de leur Efprit, mais celles
de l'Efprit humain.

En même temps que M. Neuton
travailloit

travailloit à fon grand Ouvrage des *Principes*, il en avoit un autre entre les mains, auffi original, auffi neuf, moins general par fon titre, mais auffi étendu par la maniere dont il devoit traiter un fujet particulier. C'eft l'*Optique*, ou *Traité de la Lumiere & des Couleurs*, qui parut pour la premiere fois en 1704, il avoit fait pendant le cours de 30 années les experiences qui lui étoient neceffaires.

L'Art de faire des Experiences, porté à un certain degré, n'eft nullement commun. Le moindre fait qui s'offre à nos yeux, eft compliqué de tant d'autres faits, qui le compofent ou le modifient, qu'on ne peut fans une extrême adreffe démêler tout ce qui y entre, ni même fans une fagacité extrême foupçonner tout ce qui peut y entrer. Il faut décompofer le fait dont il s'agit en d'autres qui ont eux-mêmes leur compofition, & quelquefois, fi l'on n'avoit bien choifi fa route, on s'engageroit dans des

Labirinthes d'où l'on ne fortiroit pas.
Les faits primitifs & élementaires femblent nous avoir été cachés par la
Nature avec autant de foin que des
Caufes, & quand on parvient à les
voir, c'eft un fpectacle tout nouveau,
& entiérement imprévû.

L'Objet perpetuel de l'*Optique* de
M. Neuton, eft l'Anatomie de la
Lumiere. L'expreffion n'eft point trop
hardie, ce n'eft que la chofe même.
Un très petit Rayon de Lumiere,
qu'on laiffe entrer dans une Chambre parfaitement obfcure, mais qui
ne peut être fi petit qu'il ne foit encore un faifceau d'une infinité de
rayons, eft divifé, diffequé, de façon
que l'on a les rayons élementaires qui
le compofoient feparés les uns des autres, & teints chacun d'une couleur
particuliere, qui après cette feparation
ne peut plus être alterée. Le Blanc
dont étoit le rayon total avant la
diffection, réfultoit du mêlange de
toutes les couleurs particulieres des

rayons primitifs. La feparation de ces rayons étoit fi difficile, que quand M. Mariotte l'entreprit fur les premiers bruits des experiences de M. Neuton, il la manqua, lui qui avoit tant de genie pour les experiences, & qui a fi bien réüffi fur tant d'autres fujets.

On ne fepareroit jamais les Rayons primitifs & colorés, s'ils n'étoient de leur nature tels qu'en paffant par le même Milieu, par le même Prifme de verre, ils fe rompent fous differents angles, & par-là fe démeflent quand ils font reçûs à des diftances convenables. Cette differente refrangibilité des Rayons rouges, jaunes, verts, bleus, violets & de toutes les couleurs intermediaires en nombre infini, proprieté qu'on n'avoit jamais foupçonnée, & à laquelle on ne pouvoit guere être conduit par aucune conjecture, eft la découverte fondamentale du Traité de M. Neuton. La differente refrangibilité amene la

differente reflexibilité. Il y a plus.
Les Rayons qui tombent fous le même angle fur une furface s'y rompent & s'y reflechiffent alternative-
ment, efpece de jeu qui n'a pû être
apperçû qu'avec des yeux extrême-
ment fins, & bien aidés par l'Efprit.
Enfin, & fur ce point feul la premiére
idée n'appartient pas à M. Neuton,
les Rayons qui paffent près des extrê-
mités d'un Corps fans le toucher, ne
laiffent pas de s'y détourner de la ligne droite, ce qu'on appelle *inflexion.*
Tout cela enfemble forme un Corps
d'*Optique* fi neuf, qu'on pourra defor-
mais regarder cette Science comme
prefque entiérement dûë à l'Auteur.

Pour ne pas fe borner à des fpeculations, qu'on traite quelquefois in-
juftement d'oifives, il a donné dans
cet ouvrage l'invention, & le deffein
d'un Telefcope par reflexion, qui n'a
été bien executé que long-temps après.
On a vû ici que ce Telefcope n'ayant
que 2 pieds $\frac{1}{2}$ de longueur, faifoit

autant d'effet qu'un bon Telefcope ordinaire de 8 ou 9 pieds, avantage très
confiderable, & dont apparemment
on connoîtra mieux encore à l'avenir
toute l'étenduë.

Une utilité de ce Livre, auffi grande
peut-être que celle qu'on tire du grand
nombre de connoiffances nouvelles
dont il eft plein, eft qu'il fournit
un excellent modelle de l'Art de fe
conduire dans la Philofophie Expe-
rimentale. Quand on voudra interroger la Nature par les expriences, &
les obfervations, il la faudra interroger comme M. Neuton, d'une maniére auffi adroite, & auffi preffante. Des
chofes qui fe dérobent prefque à la
recherche par être trop déliées, il les
fçait reduire à fouffrir le Calcul, & un
Calcul qui ne demande pas feulement
le fçavoir des bons Geometres, mais
encore plus une dexterité particuliére.
L'application qu'il fait de fa Geometrie
a autant de fineffe, que fa Geometrie
a de fublimité.

Il n'a pas achevé son *Optique*, parce que des experiences, dont il avoit
encore besoin, furent interrompuës,
& qu'il n'a pû les reprendre. Les Pier-
res d'attente qu'il a laissées à cet Edifice imparfait, ne pourront guere être
employées que par des mains aussi habiles que celles du premier Architecte.
Il a du moins mis sur la voye, autant
qu'il a pû, ceux qui voudront con-
tinüer son ouvrage, & même il leur
trace un chemin pour passer de l'Optique à une Phisique entiére ; sous la
forme de *Doutes* ou de *Questions à
éclaircir*, il propose un grand nombre
de vûës, qui aideront les Philosophes
à venir, ou du moins feront l'histoire,
toûjours curieuse, des pensées d'un
grand Philosophe.

L'attraction domine dans ce Plan
abregé de Phisique. La force qu'on
appelle *dureté* des Corps est l'attraction
mutuelle de leurs parties, qui les serre
les unes contre les autres, & si elles
font de figure à se pouvoir toucher

par toutes leurs faces fans laiffer d'in-
terftices, les Corps font parfaitement
durs. Il n'y a de cette efpece que de
petits Corps primordiaux, & inalte-
rables, Elements de tous les autres.
Les fermentations, ou effervefcences
Chimiques, dont le mouvement eft
fi violent qu'on les pourroit quelquefois comparer à des Tempeftes, font
des effets de cette puiffante attraction,
qui n'agit entre les petits corps qu'à
de petites diftances.

En general il conçoit que l'attraction eft le principe agiffant de toute
la Nature, & la caufe de tous les mouvements. Car fi une certaine quantité
de mouvement une fois imprimée par
les mains de Dieu, ne faifoit enfuite
que fe diftribuer differemment felon
les Loix du Choc, il paroît qu'il pe-
riroit toûjours du mouvement par les
chocs contraires fans qu'il en pût re-
naître, & que l'Univers tomberoit
affés promptement dans un repos, qui
feroit la mort generale de tout. La

vertu de l'attraction toûjours subsis-
tante, & qui ne s'affoiblit point en
s'exerçant, est une ressource perpe-
tuelle d'action & de vie. Encore peut-
il arriver que les effets de cette vertu
viennent enfin à se combiner de façon
que le Sistême de l'Univers se dere-
gleroit, & *qu'il demanderoit*, selon M.
Neuton, *une main qui y retouchât.*

Il déclare bien nettement qu'il ne
donne cette attraction que pour une
cause qu'il ne connoist point, & dont
seulement il considere, compare &
calcule les effets, & pour se sauver du
reproche de rappeller les *Qualités occultes* des Scolastiques, il dit qu'il n'é-
tablit que des qualités *manifestes* & très
sensibles par les phenomenes, mais
qu'à la verité les causes de ces qualités
sont *occultes*, & qu'il en laisse la recherche à d'autres Philosophes. Mais
ce que les Scholastiques appelloient
Qualités occultes, n'étoient-ce pas des
Causes ? ils voyoient bien aussi les
Effets. D'ailleurs ces Causes occultes,

que M. Neuton n'a pas trouvées, croyoit-il que d'autres les trouvaſſent? s'engagera-t-on avec beaucoup d'eſperance à les chercher?

Il mit à la fin de l'*Optique* deux Traités de pure Geometrie, l'un de la *Quadrature des Courbes*, l'autre un *Dénombrement des Lignes* qu'il appelle *du 3ᵐᵉ* ordre. Il les en a retranchés depuis, parce que le ſujet en étoit trop different de celui de l'Optique, & on les a imprimés à part en 1711 avec une *Analiſe par les Equations infinies*, & la *Methode Differentielle*. Ce ne ſeroit plus rien dire que d'ajoûter ici qu'il brille dans tous ces Ouvrages une haute & fine Geometrie, qui lui appartenoit entièrement.

Abſorbé dans ſes ſpeculations, il devoit naturellement être & indifferent pour les affaires, & incapable de les traiter. Cependant lors qu'en 1687, année de la publication de ſes *Principes*, les privileges de l'Univerſité de Cambridge, où il étoit Profeſſeur en Mathematique dès l'an 1669, par la démiſſion de M. Barrou en ſa faveur, fureut attaqués par le Roi Jacques II, il fut un des plus Zelés à les ſoutenir, & ſon Univerſité le nomma pour être un de ſes Delegués par devant la Cour de *Haute-Commiſſion.* Il en fut auſſi le Membre repreſentant dans le Parlement de *Convention* en 1688, & il y tint ſéance juſqu'à ce qu'il fût diſſous.

En 1696 le Comte de Halifax, Chancelier de l'Echiquier, & grand Protecteur des ſçavants, car les Seigneurs Anglois ne ſe piquent pas de l'honneur d'en faire peu de cas, & ſouvent le ſont eux-mêmes, obtint du Roi Guillaume de créer M. Neuton *Garde des Monnoyes,* & dans cette charge il rendit des ſervices importants à l'occaſion de la grande Refonte qui ſe fit en ce temps là. Trois ans après il fut *Maître de la Monnoye,* emploi d'un revenu très conſiderable, & qu'il a poſſedé juſqu'à la mort.

On pourroit croire que sa Charge de la Monnoye ne lui convenoit que parce qu'il étoit excellent Geometre & Phisicien, & en effet cette matiére demande souvent des Calculs difficiles, & quantité d'experiences Chimiques, & il a donné des preuves de ce qu'il pouvoit en ce genre par sa *Table des Essays des Monnoyes étrangeres*, imprimée à la fin du Livre du Docteur Arbuthnott. Mais il falloit que son genie s'étendît jusqu'aux affaires purement politiques, & où il n'entroit nul mêlange des Sciences speculatives. A la convocation du Parlement de 1701, il fut choisi de nouveau Membre de cette Assemblée pour l'Université de Cambridge. Après tout, c'est peut-être une erreur de regarder les Sciences, & les affaires comme si incompatibles, principalement pour les hommes d'une certaine trempe. Les affaires politiques bien entenduës se reduisent elles-mêmes à des Calculs très fins, & à des combinaisons

délicates, que les Efprits accoûtumés
aux hautes fpeculations faififfent plus
facilement & plus fûrement, dès qu'ils
font inftruits des faits , & fournis des
materiaux neceffaires.

M. Neuton a eû le bonheur fingulier de joüir pendant fa vie de tout
ce qu'il meritoit, bien différent de
Defcartes, qui n'a reçû que des honneurs pofthumes. Les Anglois n'en
honorent pas moins les grands talents
pour être nés chés eux ; loin de chercher à les rabaiffer par des Critiques
injurieufes, loin d'applaudir à l'Envie
qui les attaque, ils font tous de concert à les élever, & cette grande Liberté, qui les divife fur les points les
plus importants, ne les empêche point
de fe réünir fur celui-là. Ils fentent
tous combien la gloire de l'Efprit
doit être prétieufe à un E'tat, & qui
peut la procurer à leur Patrie, leur de-
vient infiniment cher. Tous les Sçavants d'un Pays, qui en produit tant,
mirent M. Neuton à leur tefte par une

efpece d'acclamation unanime, ils le
reconnurent pour Chef, & pour Maître, un Rebelle n'eût ofé s'élever, on
n'eût pas fouffert même un mediocre admirateur. Sa Philofophie a été
adoptée par toute l'Angleterre, elle
domine dans la Societé Royale, &
dans tous les excellents ouvrages, qui
en font fortis, comme fi elle étoit
déja confacrée par le refpect d'une
longue fuite de Siecles. Enfin il a été
reveré au point que la mort ne pouvoit plus lui produire de nouveaux
honneurs, il a vû fon Apothefe. Tacite qui a reproché aux Romains leur
extrême indifférence pour les grands
Hommes de leur nation, eût donné
aux Anglois la loüange toute oppo-
fée. Envain les Romains fe feroient-
ils excufés fur ce que le grand merite
leur étoit devenu familier, Tacite leur
eût répondu que le grand merite n'é-
toit jamais commun, ou que même
il faudroit, s'il étoit poffible, le rendre
commun par la gloire qui y feroit at-
tachée.

En 1703 M. Neuton fut élu Prefident de la Société Royale , & l'a été fans interruption jufqu'à fa mort pendant 23 ans, exemple unique, & dont on n'a pas crû devoir craindre les conféquences.

La Reine Anne le fit Chevalier en 1705 , titre d'honneur, qui marque du moins que fon nom étoit allé jufqu'au Trône, où les noms les plus illuftres en ce genre ne parviennent pas toûjours.

Il fut plus connu que jamais à la Cour fous le Roi George. La Princeffe de Galles , aujourd'hui Reine d'Angleterre , avoit affés de lumiéres & de connoiffances pour interroger un homme tel que lui , & pour ne pouvoir être fatisfaite que par lui. Elle a fouvent dit publiquement qu'elle fe tenoit heureufe de vivre de fon temps, & de le connoître. Dans combien d'autres Siécles, & dans combien d'autres Nations auroit-il pû être placé fans y retrouver une Princeffe de Galles !

Il avoit compofé un ouvrage de Chronologie ancienne, qu'il ne fongeoit point à publier, mais cette Princeffe, à qui il en confia les vûës principales, les trouva fi neuves & fi ingenieufes, qu'elle voulut avoir un précis de tout l'ouvrage, qui ne fortiroit jamais de fes mains, & qu'elle poffederoit feule. Elle le garde encore aujourd'hui avec tout ce qu'elle a de plus précieux. Il s'en échappa cependant une Copie ; il étoit difficile que la curiofité, excitée par un morceau fingulier de M. Neuton, n'ufât de toute fon adreffe pour penetrer jufqu'à ce Trefor, & il eft vrai qu'il faudroit être bien fevere pour la condamner. Cette Copie fut apportée en France par celui qui étoit affés heureux pour l'avoir, & l'eftime qu'il en faifoit l'empêcha de la garder avec le dernier foin. Elle fut vûë, traduite, & enfin imprimée.

Le point principal du Siftême Chronologique de M. Neuton, tel

qu'il paroît dans cet Extrait qu'on a
de lui, est de rechercher, en suivant
avec beaucoup de subtilité quelques
traces assés foibles de la plus ancienne
Astronomie Grecque, quelle étoit au
temps de Chiron le Centaure la posi-
tion du Colure des Equinoxes par
rapport aux Etoiles fixes. Comme on
sçait aujourd'hui que ces Etoiles ont
un mouvement en longitude d'un degré en 72 ans, si on sçait une fois
qu'au temps de Chiron le Colure pas-
soit par certaines Fixes, on sçaura, en
prenant leur distance à celles par où
il passe aujourd'hui, combien de temps
s'est écoulé depuis Chiron jusqu'à nous.
Chiron étoit du fameux voyage des
Argonautes, ce qui en fixera l'Epo-
que, & necessairement ensuite celle
de la Guerre de Troye, deux grands
évenements d'où dépend toute l'ancienne Chronologie. M. Neuton les
met de 500 ans plus proches de l'Ere
Chrêtienne, que ne font ordinaire-
ment les autres Chronologistes. Le

Siftême a été attaqué par deux Sçavants François. On leur reproche en
Angleterre de n'avoir pas attendu
l'Ouvrage entier, & de s'être preffés
de critiquer. Mais cet empreffement
même ne fait-il pas honneur à M.
Neuton ? Ils fe font faifis le plus
promptement qu'ils ont pû de la gloire
d'avoir un pareil Adverfaire. Ils en
vont trouver d'autres en fa place. Le
celebre M. Halley, premier Aftrono-
me du Roi de la Grande Bretagne, a
déja écrit pour foutenir tout l'Aftro-
nomique du Siftême, fon amitié pour
l'illuftre Mort, & fes grandes connoiffances dans la matiére, doivent le
rendre redoutable. Mais enfin la conteftation n'eft pas terminée, le Public,
peu nombreux, qui eft en état de juger, ne l'a pas encore fait, & quand
il arriveroit que les plus fortes raifons
fuffent d'un côté, & de l'autre le nom
de M. Neuton, peut-être ce Public
feroit-il quelque temps en fufpens, &
peut-être feroit-il excufable.

Dès que l'Academie des Sciences
par le Reglement de 1699 put choi-
sir des Assciés E'trangers, elle ne
manqua pas de se donner M. Neuton.
Il entretint toûjours commerce avec
elle en lui envoyant tout ce qui pa-
roissoit de lui. C'estoient ses anciens
travaux, ou qu'il faisoit réimprimer,
ou qu'il donnoit pour la première fois;
depuis qu'il fut employé à la Monnoye, ce qui étoit arrivé déja quelque temps auparavant, il ne s'enga-
gea plus dans aucune entreprise con-
siderable de Mathematique, ni de
Philosophie. Car quoique l'on pût
compter pour une entreprise consi-
derable la Solution du fameux Problême des *Trajectoires* proposé aux
Anglois comme un défi par M. Leibnits pendant sa contestation avec eux,
& recherché bien soigneusement pour
l'embarras, & la difficulté, ce ne fut
presque qu'un jeu pour M. Neuton.
Il reçût ce Problême à 4 heures du
soir, revenant de la Monnoye fort

fatigué, & il ne se coucha point qu'il n'en fût venu à bout. Après avoir servi si utilement dans les connoissances speculatives toute l'Europe sçavante, il servit uniquement sa Patrie dans des affaires dont l'utilité étoit plus sensible, & plus directe, plaisir touchant pour tout bon Citoyen; mais tout le temps qu'il avoit libre, il le donnoit à la curiosité de son Esprit, qui ne se faisoit point une gloire de dédaigner aucune sorte de connoissance, & sçavoit se nourrir de tout. On a trouvé de lui après sa mort quantité d'Ecrits sur l'Antiquité, sur l'Histoire, sur la Theologie même, si éloignée des Sciences par où il est connu. Il ne se permettoit ni de passer des moments oisifs sans s'occuper, ni de s'occuper legerement, & avec une foible attention.

Sa santé fut toûjours ferme, & égale jusqu'à l'âge de 80 ans, circonstance très essentielle du rare bonheur dont il a joüi. Alors il commença à être incommodé d'une incontinence d'Urine, encore dans les 5 années suivantes, qui précederent sa mort, eut-il de grands intervalles de santé, ou d'un état fort tolerable, qu'il se procuroit par le regime, & par des attentions dont il n'avoit pas eû besoin jusque-là. Il fut obligé de se reposer de ses fonctions à la Monnoye sur M. Conduitt qui avoit épousé une de ses Nieces, il ne s'y resolut que parce qu'il étoit bien sûr de remettre en bonnes mains un dépôt si important, & si délicat. Son jugement a été confirmé depuis sa mort par le choix du Roi, qui a donné cette place à M. Conduitt. M. Neuton ne souffrit beaucoup que dans les derniers 20 jours de sa vie. On jugea sûrement qu'il avoit la Pierre, & qu'il n'en pouvoit revenir. Dans des accès de douleur si violents que les gouttes de sueur lui en couloient sur le visage, il ne poussa jamais un cri, ni ne donna aucun signe d'impatience, & dès qu'il

avoit quelques moments de relâche,
il fourioit, & parloit avec fa gayeté
ordinaire. Jufque-là il avoit toûjours
lû, ou écrit plufieurs heures par jour.
Il lut les Gazettes le Samedi 18 Mars
V. S. au matin, & parla long-temps
avec le Docteur Mead, Medecin celebre, il poffedoit parfaitement tous
fes fens, & tout fon efprit, mais le
foir il perdit abfolument la connoif-
fance, & ne la reprit plus, comme
fi les facultés de fon ame n'avoient
été fujettes qu'à s'éteindre totalement,
& non pas à s'affoiblir. Il mourut le
Lundi fuivant 20 Mars, âgé de 85
ans.

· Son Corps fut expofé fur un Lit
de parade dans la Chambre de Jeru-
falem, endroit d'où l'on porte au lieu
de leur fepulture les perfonnes du plus
haut rang, & quelquefois les Têtes cou-
ronnées. On le porta dans l'Abbaye
de Weftminfter, le Poile étant foutenu par Milord grand Chancelier, par
les Ducs de Montrofe, & Roxburgh,

& par les Comtes de Pembrocke, de Suffex, & de Maclesfield. Ces fix Pairs d'Angleterre qui firent cette fonction folemnelle, font affés juger quel nombre de perfonnes de diftinction groffirent la Pompe funebre. L'Evêque de Rochefter fit le Service, accompagné de tout le Clergé de l'Eglife. Le Corps fut enterré près de l'entrée du Chœur. Il faudroit prefque remonter chés les anciens Grecs, fi l'on vouloit trouver des exemples d'une auffi grande veneration pour le fçavoir. La famille de M. Neuton imite encore la Gréce de plus près par un Monument qu'elle lui fait élever, & auquel elle employe une fomme confiderable. Le Doyen & le Chapitre de Weftminfter ont permis qu'on le conftruife dans un endroit de l'Abbaye, qui a fouvent été refufé à la plus haute Nobleffe. La patrie & la famille ont fait éclater pour lui la même reconnoiffance, que s'il les avoit choifies.

Il avoit la taille mediocre, avec un
peu d'embonpoint dans ses dernieres
années, l'œil fort vif & fort perçant,
la phisionomie agréable & venera-
ble en même temps, principalement
quand il ostoit sa perruque, & laissoit
voir une chevelure toute blanche,
épaisse & bien fournie. Il ne se servit
jamais de Lunettes, & ne perdit
qu'une seule dent pendant toute sa
vie. Son nom doit justifier ces petits
détails.

Il étoit né fort doux, & avec un
grand amour pour la tranquilité. Il
auroit mieux aimé être inconnu que
de voir le calme de sa vie troublé
par ces orages Litteraires, que l'Esprit & la Science attirent à ceux qui
s'élevent trop. On voit par une de ses
Lettres du *Commercium Epistolicum*,
que son Traité d'Optique étant prest
à imprimer, des Objections préma-
turées qui s'éleverent, lui firent aban-
donner alors ce dessein. *Je me repro-
chois*, dit-il, *mon imprudence de perdre*

une chofe auſſi réelle que le repos, pour courir aprés une Ombre. Mais cette Ombre ne lui a pas échappé dans la ſuite, il ne lui en a pas coûté ſon repos qu'il eſtimoit tant, & elle a eû pour lui autant de realité que ce repos même.

Un caractere doux promet naturellement de la modeſtie, & on atteſte que la ſienne s'eſt toûjours conſervée ſans alteration, quoi-que tout le monde fût conjuré contre elle. Il ne parloit jamais ou de lui, ou des autres, il n'agiſſoit jamais d'une maniére à faire ſoupçonner aux Obſervateurs les plus malins le moindre ſentiment de vanité. Il eſt vrai qu'on lui épargnoit aſſés le ſoin de ſe faire valoir, mais combien d'autres n'auroient pas laiſſé de prendre encore un ſoin dont on ſe charge ſi volontiers, & dont il eſt ſi difficile de ſe repoſer ſur perſonne? combien de grands hommes generalement applaudis ont gâté le concert de leurs loüanges en y mêlant leurs voix!

Il

Il étoit simple, affable, toûjours de niveau avec tout le monde. Les genies du premier ordre ne méprisent point ce qui est au dessous d'eux, tandis que les autres méprisent même ce qui est au dessus. Il ne se croyoit dispensé ni par son merite, ni par sa réputation, d'aucun des devoirs du commerce ordinaire de la vie; nulle singularité ni naturelle, ni affectée, il sçavoit n'être, dès qu'il le falloit, qu'un homme du commun.

Quoi-qu'il fût attaché à l'Eglise Anglicane, il n'eût pas persécuté les Non-Conformistes pour les y ramener. Il jugeoit les hommes par les mœurs, & les vrais Non-Conformistes étoient pour lui les Vitieux & les Mechants. Ce n'est pas cependant qu'il s'en tînt à la Religion naturelle, il étoit persuadé de la Révelation , & parmi les Livres de toute espece, qu'il avoit sans cesse entre les mains, celui qu'il lisoit le plus assidüement étoit la Bible.

L'abondance où il se trouvoit &

C

par un grand Patrimoine, & par son
Emploi, augmentée encore par la sage
simplicité de sa vie, ne lui offroit pas
inutilement les moyens de faire du
bien. Il ne croyoit pas que donner par
son Testament, ce fût donner, aussi
n'a-t-il point laissé de Testament, &
il s'est dépoüillé toutes les fois qu'il a
fait des liberalités ou à ses Parents, ou
à ceux qu'il sçavoit dans quelque besoin. Les bonnes actions qu'il a faites
dans l'une & l'autre espece, n'ont été
ni rares, ni peu considerables. Quand
la bienséance exigeoit de lui en certaines occasions de la dépense & de
l'appareil, il étoit magnifique sans aucun regret, & de très bonne grace.
Hors de-là tout ce faste, qui ne paroît
quelque chose de grand qu'aux petits
caracteres, étoit séverement retranché,
& les fonds reservés à des usages plus
solides. Ce seroit effectivement un
prodige qu'un esprit accoutumé aux
réflexions, nourri de raisonnements,
& en même temps amoureux de cette
vaine magnificence.

Il ne s'eſt point marié, & peut-être n'a-t-il pas eu le loiſir d'y penſer jamais, abîmé d'abord dans des études profondes & continuelles pendant la force de l'âge, occupé enſuite d'une Charge importante, & même de ſa grande conſideration, qui ne lui laiſſoit ſentir ni vuide dans ſa vie, ni beſoin d'une ſociété domeſtique.

Il a laiſſé en biens meubles environ 32000 livres Sterlin, c'eſt-à-dire, ſept cens mille livres de nôtre Monnoye. M. Leibnits, ſon Concurrent, mourut riche auſſi, quoi-que beaucoup moins, & avec une ſomme de reſerve aſſés conſiderable*. Ces exemples rares & tous deux étrangers ſemblent meriter qu'on ne les oublie pas.

* *Voyez l'Hiſt. de 1716. p. 128.*

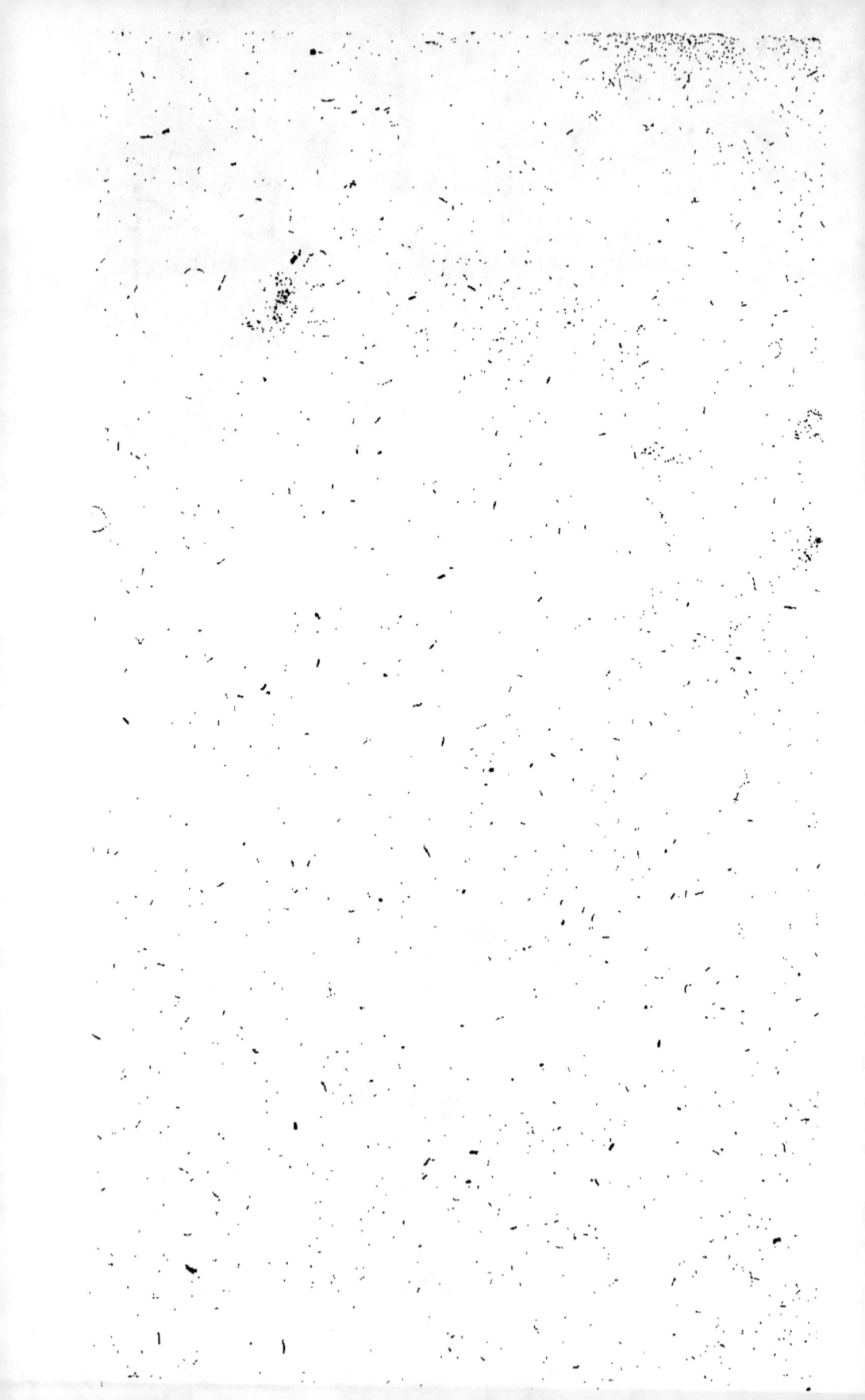

www.ingramcontent.com/pod-product-compliance
Lightning Source LLC
Chambersburg PA
CBHW071009280326
41934CB00009B/2226